Charles-Hubert Lavollée

La Ville de Paris et l'administration municipale

Étude

ISBN : 978-1725811539

10 9 8 7 6 5 4 3 2 1

Charles-Hubert Lavollée

La Ville de Paris et l'administration municipale

Étude

Table de Matières

Introduction

Paris est la capitale par excellence. Paris n'est point seulement le siège du gouvernement et des assemblées politiques, il est en même temps le centre de toutes les affaires, le foyer le plus actif des arts, des lettres, de l'industrie et du commerce. Ce qui le distingue des autres capitales, c'est l'universalité, aussi bien que l'ampleur du rôle qui lui est attribué dans les destinées nationales. La France entière aboutit à Paris et s'y condense ; pour le monde, la France presque toute est dans Paris. Nulle autre capitale, pas même Londres, ne possède ; à un égal degré ce caractère de suprématie. Est-ce un bien ? est-ce un mal ? Doit-on considérer comme un élément de force pour le pays ou comme un péril cette prépondérance de la ville souveraine ? Quelque opinion que l'on ait sur ce point, la domination de Paris est un fait incontestable. Paris demeure, à tous égards, une ville exceptionnelle. A l'économiste, comme à l'historien et au moraliste, il offre d'inépuisables sujets d'études. Paris a eu de nombreux historiens. Après Dulaure, après Mercier, M. Maxime Du Camp l'a décrit récemment et en quelque sorte photographié dans une série de tableaux pleins de vigueur et de relief qui retracent, pour les générations à venir, les traits et la physionomie de la ville contemporaine. Plus modeste est l'œuvre qu'ont entreprise MM. Maurice Block et de Pontich dans le livre qu'ils ont consacré à l'administration de la ville de Paris. C'est le recueil méthodique des lois, décrets et règlements qui concernent le régime administratif ; c'est l'énumération et la statistique des institutions au moyen desquelles sont assurés tous les services de la grande cité. Le dossier de Paris nous est ainsi donné complet, avec une abondante profusion de textes et de chiffres. Il ne faut point cependant s'effrayer de l'apparente aridité des documents officiels ; sous ces textes habilement coordonnés, sous ces chiffres multipliés à dessein, on sent vivre Paris, on découvre les ressorts si variés du mécanisme qui fait mouvoir l'administration parisienne, et l'on peut, en constatant les progrès accomplis, apercevoir les améliorations désirables. Il y a donc intérêt à consulter cette étude, alors surtout que le parlement est à la veille d'examiner des propositions qui tendent à réformer le régime municipal.

Paris ne comptait, au commencement du siècle, que 600,000 habitants. Lors du recensement de 1856, le chiffre s'élevait à 1,174,000 dans les limites de l'ancien mur d'octroi. En 1861, après l'annexion des communes suburbaines, la population, répandue sur un espace presque double, atteignit près de 1,700,000 habitants, et en 1881, date du dernier recensement, 2,240,000. De 1876 à 1881, l'augmentation moyenne annuelle a dépassé le chiffre de 50,000.

L'accroissement de la population suit, à Paris, une progression continue et presque régulière. Cela tient d'abord au mouvement général qui entraîne les habitants des campagnes vers les grandes villes, et particulièrement vers les capitales, puis à l'attraction que Paris exerce non-seulement à l'égard des nationaux, mais encore sur les étrangers. Les inconvénients, les périls mêmes de ces agglomérations excessives d'habitants sur quelques points privilégiés ont été souvent dénoncés tant sous le rapport de l'hygiène qu'au nom de la morale et de la politique. Il y a là, en effet, une répartition anormale de la population, et l'équilibre des intérêts doit en souffrir, ainsi que la pondération des influences, dont l'harmonie importe à la bonne administration d'un pays. Quoi qu'il en soit, il ne semble pas que l'accroissement de la population de Paris doive se ralentir. Il reste encore, dans les quartiers extrêmes qui avoisinent les fortifications, de grands espaces libres ; on peut même prévoir que, vers l'ouest, dans la direction de la Seine, l'enceinte fortifiée s'ouvrira pour faire place à des quartiers nouveaux, la ligne de défense étant reportée sur la rive du fleuve. Londres contient aujourd'hui 3,800,000 habitants. Berlin, Vienne, Bruxelles, voient augmenter chaque année le chiffre de leur population. C'est la loi des capitales. Plus qu'aucune autre capitale, Paris attire et retient les étrangers comme les nationaux, de même qu'il sert d'hôtellerie aux voyageurs qui se renouvellent incessamment entre l'Europe et l'Amérique. Encore quelques années, et la population de Paris atteindra sans effort le troisième million.

La statistique a dressé le compte des différentes catégories et professions entre lesquelles se partage la population parisienne.

Ce qui frappe tout d'abord, c'est que, sur ce total de 2,240,000 habitants, 721,000 seulement, soit moins du tiers, sont nés à Paris ; 86,000 sont nés dans les autres communes du département de la Seine ; 1,266,000, dans les départements ; 167,000, à l'étranger. Paris s'accroît principalement par l'immigration. Le Parisien pur sang y est presque rare, il est envahi et refoulé par des hordes d'intrus qui arrivent de tous les points cardinaux, et il émigré à son tour. Si tout le monde vient à Paris, l'on peut dire que le Parisien va partout. C'est l'élément ouvrier qui figure, pour la plus forte part, dans l'immigration qui afflue vers la capitale. Paris n'attire pas seulement les étrangers opulents et les provinciaux après fortune faite ; il est en même temps et avant tout la grande cité du travail et comme un immense réservoir de main-d'œuvre et de salaires. Les familles d'ouvriers composent la moitié de la population de Paris. C'est une proportion considérable, dont il importe d'étudier les causes et les effets.

Avant 1860, de nombreuses usines s'étaient installées dans les communes suburbaines voisines du principal centre de consommation et exemptes des droits d'octroi. Lorsque l'annexion fut décrétée, quelques-unes se déplacèrent afin d'échapper aux taxes ; mais la plupart demeurèrent et furent comprises, avec leur personnel d'ouvriers, dans l'enceinte des fortifications. De là une première cause d'augmentation dans le chiffre de la population ouvrière. En même temps, les travaux de construction et de voirie prirent un développement inusité. Paris se transformait ; toutes les industries étaient assurées d'une longue période d'activité, et l'industrie parisienne, à laquelle les traités de commerce ouvraient des débouchés plus étendus, était très prospère. Il y eut donc, pour tous les genres de travaux, un abondant emploi de la main-d'œuvre, une hausse très sensible dans le taux des salaires, et, par suite, une immigration croissante d'ouvriers. Ce n'était point là précisément le résultat qu'avaient entrevu et souhaité les créateurs du nouveau Paris. Ceux-ci s'attendaient plutôt à une certaine diminution de la population ouvrière, que la disparition des vieux quartiers et le déplacement des grandes usines semblaient devoir éloigner d'une capitale ainsi transformée. Il n'en fut rien. Paris agrandi garda ses usines et ses ouvriers, dont le nombre ne fit que s'accroître durant la période de prospérité qui suivit l'annexion. Ainsi, d'ailleurs, furent démontrées par un exemple éclatant les tendances de l'industrie contemporaine. Naguère encore, les manufactures étaient établies de préférence dans les régions rurales où la main-d'œuvre se payait au plus bas prix, à proximité de cours d'eau qui procuraient l'économie des transports. Aujourd'hui l'industrie se rapproche des cités populeuses, où il lui est facile d'augmenter ou de diminuer, selon l'activité plus ou moins grande des affaires, l'effectif du personnel qu'elle emploie ; elle s'installe au cœur même des capitales, à portée de la science et des arts, ses auxiliaires désormais indispensables, au centre du crédit et des banques, à proximité de ces grandes gares de chemins de fer qui ouvrent des communications journalières et rapides dans toutes les directions, et qui, au besoin, servent d'entrepôts. Si la main-d'œuvre est plus coûteuse que dans les campagnes, s'il y a quelque accroissement de charges dans le compte d'établissement et dans les frais généraux, la compensation se fait par les avantages et les facilités de toute nature qui résultent de l'installation dans les villes, au foyer des transactions. C'est pourquoi Paris sera toujours, quoi qu'on fasse, une immense cité industrielle ; le travail y règne, et il n'abdiquera pas ; la population ouvrière, attirée de la province et des pays voisins, ne cessera point d'y affluer. La continuité plus ou moins régulière de cette évolution est inévitable ; elle s'impose à la prévoyance des hommes d'état, des administrateurs de la ville et des architectes.

C'est, en effet, un grave problème de pourvoir au logement d'une population qui se compose d'éléments aussi variés. D'après les plus récentes statistiques, on compte à Paris près de 80,000 maisons, contenant 1,040,000 locaux distincts, dont les deux tiers sont consacrés à l'habitation et le tiers à l'industrie. Dans la première de ces catégories, les appartements au-dessous de 500 francs figurent pour les trois quarts. Ce sont les familles d'artisans et d'ouvriers, comprenant environ 1,150,000 personnes, qui occupent ces logements modestes où, malgré les prescriptions de la loi et la vigilance de la police, les conditions essentielles de la salubrité ne peuvent être observées que très imparfaitement. Les grands travaux de voirie qui ont été entrepris sous l'empire et continués par la municipalité républicaine, travaux nécessaires au point de vue de la circulation et de l'assainissement, ont eu pour conséquence d'éloigner du centre et de refouler vers les faubourgs de la ville une partie nombreuse de la population. La plus-value des terrains et la hausse des matériaux, ainsi que de la main-d'œuvre, ont élevé le prix des maisons neuves destinées à recevoir les exilés des anciens quartiers. Enfin, les entreprises de construction, qui ont été si actives dans le cours de ces dernières années, paraissent n'avoir point tenu suffisamment compte de la proportion qui doit exister entre les habitations de luxe et les logements à bas prix. De là une double crise ; on a construit trop d'hôtels, dont les appartements somptueux ne trouvent plus facilement de locataires, et la portion la plus nombreuse de la population, celle qui vit du salaire ou d'un faible revenu, se voit obligée de payer un loyer excessif dans les maisons neuves qui lui sont offertes. Il y a eu là, certainement, une fausse manœuvre de la spéculation, et cette erreur, commise par l'industrie du bâtiment, a compromis des capitaux considérables. Il ne faudrait point cependant exagérer les effets de cette crise qui sévit, comme un accès de fièvre, sur les terrains et les constructions. L'accroissement normal de la population parisienne doit rétablir l'équilibre. Au premier retour de la sécurité politique et de l'activité industrielle, les habitations de luxe, trop nombreuses aujourd'hui, seront de nouveau recherchées, et déjà la spéculation, corrigée par un premier et rude avertissement, se lance avec une ardeur moins périlleuse dans les constructions modestes qui conviennent à la bourse et à la condition du plus grand nombre. Finalement, lorsque la crise aura achevé en quelque sorte son évolution, Paris en sortira mieux aménagé, assaini par les travaux de voirie que l'administration municipale est obligée de poursuivre dans les nouveaux quartiers et prêt à recevoir l'accroissement de population que lui réserve l'avenir. Les pertes subies par quelques groupes de capitalistes seront amplement compensées par l'extension et par l'embellissement de la cité.

Le gouvernement, les chambres et le conseil municipal de Paris se sont très vivement préoccupés, dans ces derniers temps, des moyens par lesquels il serait possible de rendre plus salubre et plus économique le logement des ouvriers. Cette sollicitude leur est inspirée, non-seulement par le sentiment démocratique, dont l'influence est désormais souveraine, par l'intérêt électoral, dont la tyrannie n'est pas moindre, par la recherche de la popularité qui s'impose à la république comme à tout autre régime, mais encore par des considérations d'équité qui peuvent être particulièrement invoquées en faveur de la population ouvrière de Paris et par les exemples tirés de ce qui se fait dans d'autres capitales et, en France même, dans plusieurs villes industrielles. S'il est certain que la reconstruction des quartiers du centre, le percement de larges voies et la création de nombreux squares ont profité à l'hygiène et à la circulation, il semble juste de reconnaître que le profit a été plus grand pour les classes riches et aisées que pour la classe ouvrière. Celle-ci a vu augmenter dans une proportion très sensible le prix de ses loyers ; elle a même été, on peut le dire, expulsée de plusieurs quartiers où le modeste artisan a le plus grand intérêt à se loger pour demeurer à proximité des établissements ou des magasins qui lui fournissent des commandes journalières. Beaucoup d'ouvriers ont été ainsi expropriés en quelque sorte pour cause d'utilité publique, sans qu'il fût possible de leur allouer directement aucune indemnité. Il y a donc équité à tenir compte de cette situation exceptionnelle dans l'étude des moyens à l'aide desquels on pourrait multiplier et améliorer, dans l'enceinte de Paris, les logements d'ouvriers.

Le conseil municipal a longuement délibéré à ce sujet. Toutes les propositions qui lui ont été soumises admettaient le concours financier de la ville et de l'état. Il est inutile d'énumérer les combinaisons qui furent successivement examinées et repoussées. Dans cette assemblée, où les différentes sectes du socialisme comptent de nombreux représentants, on devait s'attendre à voir revendiquer au profit du peuple le droit au logement fourni par la communauté, en même temps que la fixation d'un maximum pour le prix du loyer ; mais, au moment du vote, ces rêves s'évanouissaient devant l'éternelle question d'argent. Comment la ville se procurerait-elle les capitaux nécessaires pour construire, aménager et administrer les immeubles dédiés à la population ouvrière ? De l'aveu même des communistes, notre civilisation n'est pas encore assez avancée pour réaliser ce rêve de l'avenir. Il n'y eut de discussion sérieuse que sur un projet présenté par l'administration, projet d'après lequel la société du Crédit foncier aurait fourni aux entrepreneurs un capital garanti par l'état et par la ville jusqu'à concurrence de 70 millions ; en outre, le budget municipal et le budget de l'état auraient accordé, pour les constructions nouvelles, la remise ou l'ajournement de certaines taxes de voirie et de l'impôt direct pendant plusieurs années. Cette combinaison, en vue de laquelle un projet de traité avait été concerté entre les ministres de l'intérieur et des finances et la société du Crédit foncier, s'appuyait sur de nombreux précédents. Le concours de l'état ou des villes, sous forme de garantie, est fréquemment appliqué aux grands travaux d'utilité publique ; les remises d'impôts sont accordées, dans certains cas, par la loi générale. Pour la construction des maisons ouvrières, cette double faveur a été consentie plus d'une fois à l'étranger et en France. — Le conseil municipal ne se rendit pas à ces arguments ; la majorité repoussa le projet de l'administration comme elle avait repoussé les projets socialistes, et ce long débat aboutit au vote d'une proposition très platonique, aux termes de laquelle « le préfet de la Seine est invité à céder, à titre d'emphytéose, certains terrains appartenant à la ville, avec obligation pour les concessionnaires d'y élever des maisons construites et louées selon les conditions d'un cahier des charges approuvé par le conseil municipal. » Cette résolution est tout à fait insuffisante ; s'il y est donné suite, on assistera peut-être quelques centaines de familles : c'est une goutte d'eau dans l'océan. Rien ne sera fait pour l'amélioration des logements destinés à la majeure partie de la population parisienne. Il faut donc prévoir que la question se représentera de nouveau soit devant le conseil municipal, soit même devant les chambres, car elle est vraiment d'intérêt général, et elle mérite qu'on s'y arrête.

L'économie politique proteste contre toute intervention de l'autorité dans les opérations de ce genre ; elle n'admet comme efficace et comme légitime que le libre emploi des capitaux privés. D'après ses principes, la loi de l'offre et de la demande, ainsi que la concurrence, doit procurer à la population des logements en nombre suffisant et au juste prix. Hors de là point de salut. Les subventions, les libéralités, les garanties d'intérêt ne sont que des expédients pleins de périls. Aux objections tirées des règles de l'économie politique se joignent les réclamations des anciens propriétaires, qui dénient à l'état et à la commune le droit de leur faire concurrence en accordant aux constructeurs de maisons nouvelles des allocations de subsides ou des réductions d'impôt dont ils n'ont pas été admis eux-mêmes à profiter. — Il est impossible de méconnaître la force de ces arguments. D'un autre côté, comment contester l'évidence, c'est-à-dire la difficulté extrême qu'éprouvent à se loger tant de familles, l'insalubrité de leur habitation, le prix excessif des loyers ? Comment aussi ne pas tenir compte du déplacement anormal et précipité qu'ont imposé à un grand nombre d'habitants, particulièrement aux ouvriers, les travaux de démolition et de reconstruction exécutés à l'intérieur de la ville ? Il y a là, en face des objections rappelées plus haut, une question d'humanité et une question d'équité qui expliqueraient l'une et l'autre une dérogation exceptionnelle, et temporaire aux principes de la science économique. Le mal est si flagrant que le législateur et l'administrateur seraient excusables d'y appliquer le plus prompt remède sans s'attacher aux formules classiques du *Codex*. Au surplus, l'intervention de l'autorité en pareille matière s'est produite, sous toutes les formes, dans la plupart des autres pays, et l'intérêt général de l'hygiène publique suffirait pour expliquer les encouragements et les facilités particulières qu'il a été souvent jugé nécessaire d'accorder pour l'amélioration des logements.

A Londres, c'est le prince Albert qui, vers 1850, a pris l'initiative, avec le concours du haut clergé et de la société aristocratique. Les premières associations formées sous son patronage, à l'aide des capitaux que prodiguait l'opulence des donateurs, obtinrent des résultats qui attirèrent l'attention et décidèrent plusieurs compagnies à entreprendre, non pas seulement comme œuvre de bienfaisance, mais surtout comme affaire de spéculation, la construction de maisons pour les ouvriers. Aujourd'hui l'on compte à Londres plus de 300 associations ayant 110,000 adhérents et disposant de capitaux très considérables pour exploiter cette branche spéciale de l'industrie du bâtiment. Il en est de même dans les grandes villes manufacturières de l'Angleterre et de l'Ecosse. Ce mouvement, qui a réalisé un immense progrès, ne se serait pas produit s'il n'avait été mis en train par l'une de ces influences supérieures et de ces forces sociales qui ne sont pas cataloguées dans les dictionnaires de l'économie politique, mais qui n'en sont pas moins actives et décisives pour le bien de l'humanité. Les banquiers et les entrepreneurs n'ont apporté leurs capitaux qu'après avoir laissé à la bienfaisance et à la politique le soin de préparer le terrain et d'essuyer les plâtres. En France, à défaut de princes et d'aristocratie, les pouvoirs publics peuvent donner le branle et encourager les premiers efforts de la spéculation et des associations particulières. L'état a exempté de l'impôt foncier, pendant trente ans, les maisons construites dans le prolongement de l'ancienne rue de Rivoli : il s'agissait simplement d'assurer, pour la perspective, l'uniformité des galeries et des façades. Comment ne pas admettre que des faveurs analogues peuvent être accordées quand il s'agit d'attirer le capital au service d'un intérêt populaire ? Ce n'est plus là une question de principe, c'est une question d'opportunité et de mesure.

Un intérêt supérieur, l'intérêt de la salubrité, commande d'ailleurs l'amélioration générale du régime des habitations. D'après la statistique, la mortalité annuelle, à Paris (57,000 décès), serait au-dessous de la moyenne générale de la France ; mais ce résultat n'est qu'apparent, car la population de la capitale, par suite du nombre considérable des immigrants, compte 723 adultes par 1,000 habitants, et la proportion des âges ne s'y rencontre pas dans les conditions normales. En réalité, la mortalité, à Paris, est plus élevée qu'elle ne devrait l'être, et s'il n'y a pas eu, depuis plusieurs années, de ces grandes épidémies qui, telles que le choléra, font tout d'un coup tant de victimes, on observe que les affections contagieuses, attribuées à l'encombrement et à une hygiène défectueuse, tendent à se fixer dans les quartiers les plus populeux. Il ne faut pas compter sur l'efficacité de la loi relative aux logements insalubres ; si cette loi était appliquée dans toute sa rigueur, une grande partie des locaux occupés par les familles d'ouvriers seraient condamnés, et les locataires, ne trouvant plus où gîter, devraient coucher à la belle étoile. Le remède serait pire que le mal. C'est par une réforme radicale qu'il convient de procéder. Il s'agit de la santé publique ; riches et pauvres y ont un égal intérêt. Si quelques sacrifices d'argent, et même de principe, sont reconnus nécessaires pour stimuler l'esprit d'entreprise et pour accélérer le progrès dans l'organisation du logement, on n'aura point à les regretter. Ce qui existe, ce que l'on voit, ou plutôt ce que l'on ne voit pas assez, est une disgrâce pour la capitale, en même temps qu'un mauvais calcul. Mieux vaut assurément faire quelques dépenses pour encourager la réforme des habitations que d'être obligé d'agrandir les hôpitaux et les cimetières. Cette question du logement doit être l'un des plus grands soucis de l'édilité parisienne.

Section II

A l'extension de Paris, à l'accroissement du chiffre de la population se rattachent, par un lien direct, les problèmes qui intéressent la circulation et les modes de transport. Les facilités de la circulation doivent être en proportion du nombre des habitants, de l'activité des affaires et des distances à parcourir. Les bénéfices qu'elles procurent, par l'économie et par la rapidité des communications, peuvent être chiffrés très haut. Paris a réalisé, sous ce rapport, depuis un demi-siècle, des progrès considérables, dont la création des omnibus, en 1828, marque la première date. De 1830 à 1850, le développement du transport en commun et le service des gares de chemins de fer doublèrent, et au-delà, le mouvement de la circulation. De 1850 à 1870, ce mouvement fut accéléré par la transformation de Paris, par le percement de larges voies, par l'annexion des communes suburbaines. Depuis 1870, il a été entretenu par la reprise des grands travaux d'édilité, par l'accroissement continu de la population et par l'organisation des tramways. Les statistiques de la Compagnie générale des omnibus donnent la mesure de ce progrès non interrompu. En 1855, première année de la concession privilégiée, les voitures de cette compagnie transportaient dans l'enceinte de Paris 36 millions de voyageurs ; en 1883, elles en ont transporté plus de 200 millions.

On compte, à Paris, 9,000 voitures de place ou de remise, et 1,200 omnibus ou voitures de tramways, auxquels il faut ajouter, comme moyens de transport affectés au service public, les bateaux-omnibus qui circulent sur la Seine et le chemin de fer de ceinture, dont les vingt-neuf gares sont de plus en plus fréquentées. Le chiffre total des voyageurs peut être de 300 millions par an, soit environ 850,000 par jour. En même temps, le nombre des voitures de maître n'a point cessé de s'accroître avec les progrès de la richesse et du luxe ; il atteint aujourd'hui près de 13,000. Quant aux voitures employées aux transports du commerce et de l'industrie, elles présentent une augmentation encore plus sensible, non-seulement par suite du développement des travaux et des affaires, mais aussi parce que la voiture est devenue, pour beaucoup de commerçants, une affiche ambulante et un mode de publicité. — Bref, ces divers éléments constituent une circulation très active qui produit, sur plusieurs points de Paris, un encombrement égal à celui que l'on observe à Londres dans la Cité. Combien sont justifiées, après tant d'amères critiques, les grandes entreprises d'édilité qui ont été exécutées sous l'administration du baron Haussmann ! La dépense, qui eût été beaucoup plus considérable si l'on avait ajourné les travaux, est largement couverte par les bénéfices immédiats qu'elle a procurés à la génération présente et par ceux qu'elle assure aux générations à venir. Se figure-t-on comment l'ancien Paris, dans sa vieille enceinte, avec ses rues étroites et tortueuses, aurait pu recevoir et faire circuler tout ce que lui apportent chaque jour les gares de chemins de fer ? Déjà même, les grandes voies tracées dans les quartiers intérieurs ne suffisent plus, et l'encombrement commence à se manifester sur les boulevards préparés dans les quartiers extrêmes. Il se peut qu'à l'origine ces plans, qui paraissaient démesurés, aient été inspirés en partie par un sentiment de gloire dynastique, par le désir de faire grand, comme on disait alors ; mais, au demeurant, les résultats ont dépassé tous les calculs. La transformation de Paris n'a pas été seulement une grande œuvre, digne de figurer dans l'histoire d'un règne et dans les annales de l'administration parisienne, elle a été une œuvre utile, nécessaire, vitale pour la cité. Le meilleur moyen de lui rendre hommage, c'est de la poursuivre en continuant les travaux qui facilitent la circulation. Il reste encore bien des voies à ouvrir ou à élargir. Chacune de ces opérations fait éclore en quelque sorte un germe nouveau d'activité dans le mouvement de la population et dans le développement des affaires. Il n'y a pas, à cet égard, d'exemple plus saisissant que celui des tramways. A peine un tramway est-il créé que la foule s'y porte ; il semble que, dans une ville telle que Paris, les besoins de locomotion facile et rapide ne pourront jamais être satisfaits.

Aussi l'administration municipale a-t-elle dû s'occuper sérieusement de divers projets qui lui ont été présentés pour la création d'un chemin de fer métropolitain. Londres, Berlin et New-York ont devancé Paris pour cette organisation perfectionnée des transports, et les résultats obtenus dans les trois capitales sont tout à fait décisifs. Le chemin de fer est un instrument nécessaire pour la circulation dans les villes qui ont une étendue exceptionnelle et dont la population très dense est perpétuellement agitée par le flux et le reflux des affaires. Ils abrègent les parcours, dégagent la voie publique, et, par la facilité des déplacements, augmentent en réalité la valeur du travail. A Londres et à New-York, les chemins de fer urbains transportent déjà plus de 100 millions de voyageurs sans que la clientèle des anciens véhicules, omnibus, cabs, etc., se trouve diminuée. C'est que dans les grandes villes, à certains jours et pendant plusieurs heures de la journée, les moyens ordinaires de transport sont nécessairement insuffisants pour les besoins de la population. Si l'on peut dresser la statistique des voyageurs transportés, il est difficile d'indiquer exactement le nombre de ceux qui, à défaut de voitures disponibles ou de places libres dans les omnibus, sont empêchés de faire une course ou obligés d'aller à pied. Ce nombre est fort considérable, et la valeur du temps ainsi perdu représente des millions.

Dès 1871, sous l'administration de M. Léon Say, la préfecture de la Seine avait mis à l'étude un projet de chemin de fer métropolitain ; en 1872, une délibération du conseil fixait les parcours ainsi que les conditions principales d'exploitation pour les lignes à concéder. L'utilité du projet n'était point contestée, mais il y eut désaccord sur la question de savoir si le métropolitain devait être considéré comme un chemin de fer d'intérêt général, ou comme un chemin de fer d'intérêt local : dans le premier cas, c'était à l'état qu'il appartenait d'accorder la concession et de contrôler l'exploitation des nouvelles voies ; dans le second cas, la concession et le contrôle auraient dépendu de l'autorité municipale. Sur un avis du conseil général des ponts et chaussées, le ministre des travaux publics décida, en 1876, que, par son tracé prolongé au-delà de l'enceinte de Paris, par l'importance des travaux et par le chiffre de la dépense, par la gravité et la multiplicité des intérêts engagés, le métropolitain méritait d'être classé dans la catégorie des chemins de fer d'intérêt général, et il retint, en conséquence, pour l'état, le droit de concession, sauf à laisser à l'assemblée élective de Paris et du département de la Seine une large part d'initiative, d'examen et de contrôle dans l'établissement de la nouvelle voie ferrée. Ce conflit d'attributions eut pour effet de laisser en suspens les projets qui avaient été présentés. Ce fut seulement en 1882 que le conseil municipal en reprit l'étude ; l'année suivante, il était en mesure d'adresser au ministère des travaux publics un plan complet, accompagné de propositions faites par des concessionnaires qui se chargeaient d'exécuter les travaux et d'exploiter les lignes sans subvention ni garantie d'intérêt. L'affaire en est là, longuement préparée, mais non encore décidée, et il est à craindre que la décision ne subisse encore quelques retards. La question est, en vérité, très difficile. Les ingénieurs ne s'accordent pas quant au système qu'il serait préférable d'adopter. Le métropolitain de Paris sera-t-il souterrain comme à Londres, ou suspendu comme à New-York ? La configuration de Paris, avec ses pentes nombreuses, ne se prête pas aussi aisément que celle de Londres, qui est à peu près plane, à l'établissement d'une voie souterraine ; en outre, le sous-sol y est occupé à une grande profondeur, non-seulement par les fondations des maisons, mais encore par les installations des égouts, par les conduites d'eau et de gaz, par les fils du télégraphe, etc. D'un autre côté, le système du chemin de fer suspendu soulève, à divers points de vue, de sérieuses critiques. Dans les deux cas, la dépense serait très considérable ; il semble impossible de dresser des devis exacts à raison de l'aléa que présentent les expropriations, et l'administration est intéressée moralement à ne concéder une entreprise aussi importante qu'après en avoir calculé de très près les bénéfices et les charges. Enfin, la crise financière a dû singulièrement refroidir l'empressement des concessionnaires qui s'offraient avant 1882 et qui avaient l'ambition, peut-être téméraire, de construire et d'exploiter le métropolitain sans qu'il en coûtât rien à la ville ni à l'état.

Le développement des lignes de tramways a permis d'attendre patiemment la création du chemin de fer métropolitain ; mais le moment est proche où le service des tramways, qui est d'ailleurs très gênant pour la circulation générale, deviendra tout à fait insuffisant. Paris devra donc avoir son réseau de voies ferrées reliant les extrémités au centre et rayonnant vers les régions de la banlieue, qui sont destinées à recevoir l'excédent de la population urbaine. Les transports à prix très réduits aideront à résoudre la question du logement, dont nous avons signalé la gravité. Ces deux problèmes se tiennent. Les familles d'ouvriers auront à compter, non plus les kilomètres, mais les minutes qui les sépareront de leur travail, et on les verra disposées à déserter les taudis qu'elles occupent actuellement pour s'établir aux abords des fortifications, plus loin même, dans des conditions larges et salubres. L'hygiène publique y gagnera autant que l'hygiène privée. Dût-il en coûter quelques sacrifices pour les finances de la ville, ou plutôt un engagement éventuel sous la forme de garantie d'intérêt, le double but à atteindre, au moyen du chemin de fer métropolitain, vaut la peine que le gouvernement et l'administration municipale secondent résolument la prompte exécution du réseau parisien.

Dans la plupart des capitales, le service des transports constitue une industrie libre, assujettie à certaines taxes et soumise à des règlements de police ou à des autorisations de parcours qui sont jugées nécessaires pour la sécurité de la circulation. A Paris, le transport en commun, c'est-à-dire le service des omnibus, est exploité depuis 1855 par une compagnie unique, pourvue d'une concession privilégiée jusqu'en 1910. Le système du monopole avait été également appliqué en 1862 pour les voitures de place ; mais on dut y renoncer en 1866, après, une courte expérience qui démontrait que la compagnie privilégiée ne pouvait faire ses affaires ni celles du public. La liberté, réglementée toutefois quant aux tarifs et aux mesures de police, fut donc rendue au service de la place. Il ne reste de privilège, en vertu de concessions plus ou moins longues, que pour les omnibus et pour les compagnies de tramways. Il ne s'agit point ici d'examiner quel est, en théorie, le système préférable. Évidemment la théorie économique se prononcerait pour la liberté contre le monopole, pour le régime de Londres contre le régime de Paris. Il faut cependant tenir compte des circonstances, des faits, des résultats devant lesquels la doctrine économique, si rigide qu'elle soit, doit s'incliner. En réalité, la liberté, en matière d'omnibus comme en matière de chemins de fer, aboutit à la constitution d'un monopole exercé au profit d'une ou de plusieurs compagnies qui finissent par demeurer maîtresses du terrain et se concertent pour la fixation des parcours et des tarifs. A Londres, où l'industrie est libre, il n'existe, à vrai dire, qu'une seule compagnie d'omnibus, laquelle exploite les lignes fructueuses et est en mesure d'écraser toute concurrence.

Le monopole y existe de fait, et il opère naturellement au point de vue de son unique intérêt. A Paris, le privilège légal est tempéré, sinon détruit, par les droits considérables d'ingérence et de tutelle que s'est réservés l'autorité municipale, de laquelle émane la concession. Non-seulement le tarif du transport, fixé jusqu'en 1910, est d'une modicité extrême ; mais encore l'autorité municipale a la faculté d'imposer à la compagnie telle ligne nouvelle, telle correspondance qui lui paraît conforme à l'intérêt public, sans avoir à considérer si ce surcroît de dépenses et de services doit être rémunéré par un supplément correspondant de recettes et de profits. C'est un régime particulier qui s'écarte de tous les principes d'économie politique ou industrielle et qui ne se justifie que par les circonstances exceptionnelles d'où il est sorti et surtout par les services qu'il rend. La fusion des anciennes entreprises d'omnibus, en 1855, a fourni un instrument puissant tout organisé pour le transport en commun. La concession du privilège a fortifié cet instrument au moyen duquel l'administration municipale a pu facilement pourvoir aux besoins de transport créés par l'annexion des communes suburbaines en 1860, faire concourir le service des omnibus au peuplement des quartiers extrêmes, augmenter le nombre des lignes, constituer les tramways intérieurs et répartir les services entre les divers quartiers de la ville, tout en percevant, au profit de la caisse municipale, des droits de stationnement qui, de 541,000 francs en 1855, se sont élevés, en 1883, pour la compagnie des omnibus, à 1,615,000 francs, sans compter le produit des taxes d'octroi et autres, qui portent à plus de 2 millions 1/2 le chiffre des redevances payées à la ville par cette seule compagnie. La population parisienne est donc très intéressée à ce que ce système soit conservé, surtout en vue de l'augmentation continue des besoins de transport, et le conseil municipal lui causerait un grave dommage si, par une gestion abusive ou imprudente, il venait à détruire le principal instrument des transports à bas prix.

Le régime de la concession privilégiée ne s'applique pas seulement aux omnibus. Il a été pareillement adopte, à Paris, pour le service des eaux et pour l'éclairage au gaz. Les traités de concessions datent de 1855 pour le gaz et de 1860 pour les eaux. Ces privilèges ont été constitués dans la même période, alors que l'état organisait les grandes compagnies de chemins de fer. Faut-il voir dans la simultanéité de ces actes la marque du système impérial, qui, dans l'ordre économique comme dans l'ordre politique, aurait été favorable aux monopoles et contraire à la liberté ? Cette appréciation ne serait point exacte. Le gouvernement de l'empire a supprimé plus de monopoles industriels qu'il n'en a établi ; il a notamment aboli la prohibition douanière, c'est-à-dire le plus puissant des monopoles. Il ne faut donc pas alléguer que les concessions décrétées de 1855 à 1860 pour les omnibus, pour l'eau et pour le gaz, aient procédé d'un parti-pris économique, ni qu'elles expriment la pensée du règne. Il s'agissait tout simplement de rechercher et d'appliquer le mode le plus convenable pour subvenir aux besoins d'une grande capitale, qui, dans cette période d'extension et de transformation presque complète, se prêtait à des aménagements nouveaux. A la division des services, à l'éparpilleraient des capitaux et des forces, on jugea opportun de substituer l'unité de direction, la concentration des ressources, la fusion des entreprises privées, de manière à former des compagnies puissantes dont le crédit, fondé sur une concession privilégiée, serait en mesure de pourvoir à l'augmentation prévue des dépenses d'établissement et d'exploitation. Avec ce système, qui était analogue à celui qui était pratiqué pour le réseau général des chemins de fer, l'administration trouvait le moyen de répartir les services et les dépenses entre tous les quartiers, de doter les quartiers pauvres à l'aide des excédents de produits obtenus dans les quartiers riches et de créer entre l'ancien Paris et le Paris nouveau une solidarité équitable. Elle pouvait, en même temps, pour prix de ces privilèges, stipuler, soit à titre de redevances, soit comme partage de bénéfices, le paiement de sommes considérables qui venaient accroître le budget des recettes municipales. Le chiffre de ces paiements, pour les trois compagnies privilégiées des omnibus, des eaux et des gaz, dépasse 30 millions. Peut-être l'administration municipale aurait-elle quelque peine à conserver le produit fiscal qu'elle retire de ces différents services, si elle avait à le défendre directement contre les consommateurs ; elle peut s'abriter derrière les contrats passés avec les compagnies pour repousser les demandes de dégrèvements qui seraient inopportunes ou déraisonnables, et, tout en encaissant, par l'intermédiaire des compagnies, une recette importante, s'épargner les embarras et l'impopularité qui s'attachent à la perception directe d'un impôt.

— Tels sont les principes ou plutôt les intérêts qui ont décidé le gouvernement de l'empire à organiser dans la capitale agrandie et transformée le régime des concessions pour les principaux services d'utilité publique.

Le service des eaux est de la plus haute importance pour le bien-être de la population et pour l'hygiène. En 1807, d'après les documents consultés par MM. Maurice Block et de Pontich, il n'y avait en distribution, à Paris, que lu litres par tête. En 1856, le chiffre s'élevait à 85 litres. Les dépenses considérables qui ont été faites de 1854 à 1874 pour amener les eaux de la Vanne, de la Dhuys, etc. (environ 100 millions) permettent un débit quotidien de près de 400,000 mètres cubes, en temps normal, dont moitié est affectée au service public et moitié au service privé. Il faudrait un approvisionnement supplémentaire de 150,000 à 200,000 mètres cubes pour fournir la quantité moyenne de 200 litres par jour et par habitant. Sur ce point, la ville de Paris n'a point encore le nécessaire, et il appartient au conseil municipal de le lui procurer, quelle que doive être la dépense. La compagnie des eaux ne peut distribuer que ce que la ville lui donne, elle est intermédiaire pour les abonnements, elle est intéressée à disposer de la plus grande quantité d'eau. La rareté de la denrée a pour conséquence de maintenir le prix de l'eau à un taux trop élevé. Il y a là pour Paris, comparé avec d'autres capitales, une cause d'infériorité qu'il est urgent de faire disparaître. L'éclairage au gaz a été concédé en 1855 à une compagnie unique, formée par la fusion de plusieurs sociétés qui desservaient Paris et la banlieue. Le prix du gaz était alors de 0 fr. 30 par mètre cube pour l'éclairage public et de 0 l'r. 40 pour l'éclairage privé. Le traité de 1855, concédant le privilège pour une durée de cinquante années, réduisit immédiatement ces prix à 0 fr. 15 et 0 fr. 30. Deux autres traités, conclus en 18 ; il t-t 1870, ont complété la convention de 1855 et réglé dans tous les détails les rapports de la compagnie avec les villes et les consommateurs. Ils réservent à l'administration municipale le droit d'imposer l'emploi de tout procédé d'éclairage qui, par suite des progrès et des découvertes de la science, serait reconnu préférable au gaz ; ils lui réservent de même le droit de réduire encore le tarif de l'éclairage pour le cas où l'invention de procédés nouveaux appliqués à la fabrication du gaz procurerait à la compagnie une économie

notable dans le prix de revient ; ils stipulent enfin des clauses
financières qui associent la ville à la propriété des immeubles et
aux bénéfices de l'exploitation. En 1855, date de l'organisation de la
compagnie, la consommation du gaz parisien était de 40 millions
de mètres cubes ; en 1863, après l'annexion, elle dépassa 100
millions de mètres ; en 1883, elle s'est élevée à 283 millions ; les
installations nécessaires pour l'exécution de ce service, qui s'accroît
chaque année, représentent actuellement un capital de 238 millions
de francs. La canalisation, c'est-à-dire la longueur des conduites de
gaz placées sous la voie publique dépasse 2,000 kilomètres. Il est
peu d'exemples d'un progrès aussi rapide. En même temps, devant
la concurrence dont le menace l'éclairage électrique, l'éclairage au
gaz s'est amélioré.

Cependant, le prix du gaz, tel qu'il a été fixé en 1855, est trop
élevé. Les Parisiens, qui paient 0 fr. 30 le mètre cube, observent
avec envie que le mètre cube ne coûte à Bruxelles que 0 fr. 20 ; à
Londres que 0 fr. 14, et comme la compagnie du gaz, qui est bien
administrée, fait de bonnes affaires, on demande que le tarif soit
réduit. Le conseil municipal s'est donc mis en campagne. Il y avait
pour lui un moyen facile de donner satisfaction à ses électeurs ;
c'était d'appliquer à la réduction des tarifs la part d'impôt et de
bénéfice qu'il reçoit de la compagnie du gaz et qui atteint environ
20 millions par an. La compagnie aurait fait, de son côté, un
sacrifice et une réduction très sensible du prix de consommation
serait devenue praticable. Le conseil municipal a préféré garder
ses 20 millions et réclamer de la compagnie l'abaissement des
tarifs, par le motif ou sous le prétexte que la diminution du prix de
revient rendrait applicable la clause, rappelée plus haut, du traité
de 1870. De là procès, engagé en 1882 au nom de la ville. D'après
les décisions judiciaires qui sont intervenues, il ne paraît pas que le
conseil municipal obtienne gain de cause ; il devra probablement
se résigner à négocier à l'amiable avec la compagnie. En attendant,
le consommateur continue à payer le prix de 0 fr., 30 que la
compagnie offrait, en 1882, d'abaisser moyennant des conditions
que l'on pouvait discuter et qui ne semblaient pas excessives, et la
population de Paris voit ajourner, au gré des lenteurs judiciaires et
grâce à la conduite peu avisée de ses édiles, un dégrèvement qui
est très désirable. Les emplois du gaz se sont en effet multipliés.

Il ne s'agit plus seulement de l'éclairage public ou privé : le gaz s'introduit de plus en plus dans les usages domestiques, et, au moyen d'ingénieux appareils, il est converti en force motrice que l'industrie utilise dans les plus modestes ateliers. C'est une réforme démocratique au premier chef ; elle ne doit être poursuivie, et elle ne peut être obtenue que par des procédés honnêtes et par le respect des contrats.

Aux termes des traités conclus de 1855 à 1860, les principaux services d'utilité municipale doivent demeurer, pendant trente années encore, sous le régime de la concession privilégiée, sauf les cas de déchéance stipulés contre les compagnies qui ne seraient pas en mesure d'exécuter leurs engagements. Ce régime est aujourd'hui l'objet de violentes critiques. Parmi ses adversaires, les uns prétendent soustraire les services publics à l'entreprise privée, exclure les compagnies et imposer à l'administration municipale le devoir d'exploiter directement, au profit exclusif de la communauté, les services urbains ; les autres, repoussant tout monopole, le monopole municipal autant que le monopole des compagnies concessionnaires, demandent que le principe de la liberté soit appliqué aux services du transport en commun, du gaz, des eaux comme à toutes les autres branches de commerce, et ils attendent de la concurrence, secondée par l'abondance actuelle des capitaux, un service plus profitable pour le public. Ce débat entre les deux doctrines contraires n'intéresse pas notre génération, qui est rivée aux contrats existants. Il suffit de constater, pour le moment, que le régime de la concession privilégiée, régime exceptionnel dont il ne faut user qu'avec une extrême réserve, est contemporain de l'extension et de la transformation de Paris, qu'il a contribué, pour une large part au succès de cette vaste entreprise et qu'il procure à la population des avantages incontestables. On peut ajouter que, dans la plupart des grandes villes, à l'étranger comme en France, le même système a été adopté. S'il a contre lui les principes autoritaires et les principes libéraux, il se recommande par l'utilité, par les résultats, obtenus. Il dépend des administrations municipales et des compagnies de le défendre contre la double attaque dont il est le point de mire, en prescrivant et en réalisant les progrès qu'il comporte, aux points de vue d'un bon service et de l'économie. L'expérience prolongée qui se poursuit à Paris mérite d'être attentivement observée pour l'étude des questions si complexes qui intéressent les agglomérations de plus en plus nombreuses destinées à vivre dans les villes capitales.

Section III

Pour l'administration de ces grandes villes où vivent et meurent, dans un espace resserré, des millions d'habitants, tout est problème. Les moindres détails de l'organisation municipale, soit qu'ils intéressent l'ensemble de la population, soit qu'ils intéressent seulement les individus, présentent une importance extrême. La réglementation qui, dans la plupart des villes, semblerait abusive et importune, devient ici nécessaire. Maintenir l'ordre, assurer la police, entretenir la salubrité, organiser l'assistance, répartir l'enseignement, autant de problèmes qui s'imposent au législateur et qui, même à Paris, après de longues années d'études et d'efforts, sont loin d'être complètement résolus. A mesure que Paris s'accroît en étendue et en population, les difficultés naissent ou augmentent, exigeant d'incessantes réformes, dont le progrès est trop souvent contrarié par la mobilité des régimes politiques. Les document classés avec méthode dans le livre de MM. Maurice filock et de Pontich permettent de retracer à grands traits la situation actuelle des principaux services de l'administration parisienne. Avant 1848, le service de la police comprenait un personnel de 750 agents environ, et il était secondé par la garde municipale, dont l'effectif se composait de 1,500 hommes. Ce service fut réorganisé en 185a sur le modèle de la police de Londres. Le chiffre du personnel fut porté à 3,000 agents, puis à A,500, en 1860, lors de l'annexion ; il est aujourd'hui de 7,750. L'effectif de la garde municipale a de même été successivement modifié ; il compte environ 3,800 hommes. La police de Paris a donc à sa disposition un personnel de 11,500 hommes, affectés aux différents services, et ce chiffre est considéré comme insuffisant, le nombre annuel des arrestations dans le département de la Seine atteignant 46,000 individus, parmi lesquels figurent 20,000 récidivistes ou repris de justice, et plus de 3,000 étrangers. Cette statistique de la répression donne la mesure de la tâche qui est imposée à la surveillance préventive appelée à s'exercer, de jour et de nuit, sur la voie publique. Les services spéciaux pour la circulation des voitures, pour les halles et marchés, pour les garnis, etc., ne sont pas moins actifs. Aucun détail n'est à négliger. La moindre irrégularité dans les mouvements de cette grande machine qui s'appelle Paris, amènerait tout de suite le désordre et des dommages incalculables. A ce personnel nombreux et dévoué il faut ajouter, non point comme se rattachant à la police proprement dite, mais comme intéressant au plus haut degré la sécurité de la propriété et des habitants, le corps des sapeurs-pompiers, qui forme un régiment de douze compagnies, avec un effectif de 1,700 hommes, dont l'entretien coûte à la ville environ 2 millions de francs. Si l'on tient compte des difficultés et si l'on établit la comparaison entre Paris et les autres capitales, on peut affirmer que la police parisienne est généralement bien organisée et bien faite, et que la dépense, à laquelle contribue le budget de l'état, n'est point excessive. Depuis quelques années, cependant, les services rendus par cette administration semblent moins appréciés ; l'action de la police, qui devrait toujours être énergique et prompte, risque de s'énerver. Cela tient, en partie, à ce que, par suite de la réduction de la durée du service militaire, le bon recrutement des gardiens de la paix, des gardes républicains et des sapeurs-pompiers, devient de plus en plus difficile. Il ne se rencontre plus, comme autrefois, pour entrer dans ces corps d'élite, un grand nombre d'anciens militaires, chevronnés et médaillés, inspirant et commandant à la population la crainte et le respect. Il en est de même pour la gendarmerie de nos départements. En outre, par des attaques incessantes dirigées contre la préfecture de police et ses agents, le conseil municipal de Paris semble avoir pris à tâche de déconsidérer la police, de la rendre impopulaire, et, dès lors, impuissante. Ces attaques découragent les honnêtes serviteurs qui ne demandent qu'à faire leur devoir. Tant que durera le conflit d'attributions soulevé par le conseil municipal contre le gouvernement, au sujet de la préfecture de police, les Parisiens seront moins bien gardés. Dans ces conditions, l'augmentation du personnel ne serait ni un remède ni un progrès ; ce qui importe avant tout, c'est d'inspirer à la petite armée qui combat pour l'ordre la confiance en elle-même, c'est-à-dire la confiance dans ses chefs, et de lui rendre un drapeau dont les couleurs ne soient pas indécises. Il ne faut pas que le mal s'aggrave au point de compromettre, et ce serait pour de longues années, l'action nécessaire d'un service aussi considérable.

L'administration de la voirie et des travaux emploie un personnel qui, avec tous ses éléments, n'est pas moins nombreux que celui de la police. Paris s'étend sur une superficie de 7,802 hectares, dont 2,084 sont classés, d'après la statistique municipale de 1882, parmi les surfaces non bâties, c'est-à-dire doivent être aménagés et entretenus par la ville. Les voies publiques comprennent une superficie de 1,546 hectares et mesurent en longueur 935 kilomètres. Les squares et jardins compris dans l'enceinte de Paris couvrent 185 hectares, les cimetières 90. Dans le sous-sol, la longueur des égouts dépasse 700 kilomètres. Les améliorations réalisées depuis vingt ans pour ces différents services sont très appréciables ; il a été fait de grandes dépenses dans l'intérêt de la salubrité, pour l'embellissement de la ville et pour le bien-être de ses habitants. Il reste toutefois de sérieuses questions à résoudre, par exemple le déplacement des cimetières et le problème des égouts. La mortalité annuelle, à Paris, excède le chiffre de 57,000. L'espace est à la veille de manquer dans les anciens cimetières, alors que, grâce à l'accroissement des fortunes privées et sous l'impulsion d'un sentiment très louable, un plus grand nombre de familles tiennent à honorer, par une sépulture décente et durable, la mémoire de ceux qui ne sont plus. Les projets étudiés dès avant 1870 pour créer en dehors de Paris l'asile des morts ont été abandonnés. Il est tout à fait urgent d'y pourvoir. Quant aux égouts et à ce qu'ils doivent ou non recevoir et transporter loin de la ville, l'administration municipale ne cesse de s'en préoccuper, étudiant tous les systèmes et procédant à des expériences, sans qu'il lui soit encore possible d'adopter un mode qui donne satisfaction à tous les intérêts. La même difficulté se rencontre dans presque toutes les capitales. C'est à la fois un problème de chimie et une grosse question d'argent. Il faut souhaiter que le bon vouloir de l'administration municipale, secondé par les recherches de la science, réussisse à doter Paris, coûte que coûte, d'un système définitif qui, se combinant avec un approvisionnement plus abondant d'eau de source, fasse disparaître la principale cause d'insalubrité.

La consommation journalière d'un habitant de Paris en denrées solides, pain, viande, poisson, etc., représente, en moyenne, un poids de 800 grammes ; ce qui donne, pour les 2,240,000 habitants, un poids total de 1,792,000 kilogrammes. A ce dernier chiffre s'ajoute, pour les boissons et pour l'eau consommée tant par les particuliers que par la ville, une quantité approximative de 300 millions, de litres par jour. On peut se rendre compte du travail, de la prévoyance, de la vigilance qu'exige l'approvisionnement régulier et contrôlé des marchés. Les consommations de Paris ont fourni aux statisticiens l'un des plus curieux sujets d'étude. Apporter toutes ces denrées, les vendre en gros dans les pavillons des halles ou aux abattoirs, les débiter au détail dans les différents quartiers, cette opération quotidienne se fait aujourd'hui presque facilement : la liberté y suffit. C'est le retour, c'est le reflux qui est malaisé et compliqué. Il faut rejeter hors de Paris les restes du festin. Le fleuve n'en veut plus, les égouts résistent ; les terres voisines, médiocrement séduites par la promesse d'un engrais fertilisant, n'acceptent que sous réserve et à titre d'expérience les présents douteux qui leur sont offerts par les ingénieurs de la ville ; l'océan, où tout cela pourrait le plus simplement se résoudre et se perdre, l'océan est bien loin. En présence de l'accroissement continu de la population, des consommations et du reste, cette question est assurément la plus importante de celles qui se recommandent à la sollicitude de l'administration municipale.

Les intérêts de l'hygiène se confondent avec le devoir de l'Assistance publique, dont les obligations, dans une grande ville telle que Paris, sont nécessairement fort étendues.[1] L'entassement dans des logements insalubres, l'air vicié, la nourriture insuffisante, la misère, en un mot, accroît le chiffre normal de la mortalité, surtout parmi les enfants et les vieillards. L'assistance est donc un devoir d'humanité, une dette contractée au regard de la loi morale, une mesure commandée par l'intérêt même de la communauté pour laquelle la misère non secourue deviendrait un péril. La charité privée, s'inspirant du sentiment religieux, a eu l'initiative

1 Les travaux du conseil d'hygiène publique et de salubrité du département de la Seine attestent la multiplicité, la variété et l'importance des questions d'hygiène que l'administration est appelée à résoudre. Ils sont résumés dans un rapport général qui est publié tous les cinq ans et dont la rédaction est confiée au secrétaire du conseil. Le plus récent de ces rapports généraux a été publié en 1881, pour la période 1872-1877, par M. F. Bezançon, chef de division à la préfecture de police. C'est une œuvre considérable, qui continue dignement la série des rapports publiés précédemment par les soins de M. Lasnier.

de la plupart des institutions et des œuvres qui assistent les pauvres et les faibles. Mais dans les cités populeuses, dans les capitales, la tâche est trop lourde pour que les sacrifices individuels et le dévouement des corporations y suffisent. Il est nécessaire que les pouvoirs publics interviennent, avec les ressources d'un budget, avec une administration spéciale, avec la force et l'efficacité de la loi. Dès le XVIe siècle, l'assistance fut organisée légalement à Paris ; cette organisation subit des transformations successives ; elle est aujourd'hui réglée par une loi de 1849, qui a constitué une direction unique, centralisant tous les services, fonctionnant avec le concours d'un conseil de surveillance, et placée sous l'autorité du préfet de la Seine et du ministre de l'intérieur. La loi réserve, d'ailleurs, les attributions du conseil municipal, qui règle les comptes et vote le budget annuel. Le chiffre des dépenses de l'Assistance publique à Paris, s'élevait, d'après le budget de 1882, à 34 millions, balancés, en recette, moitié par les revenus propres de l'administration, qui possède des propriétés importantes, moitié par la subvention municipale. Le nombre des individus assistés dans les hôpitaux, dans les hospices, dans les asiles ou à domicile atteint près de 400,000. Par ces deux chiffres, dans lesquels ne sont comprises ni les ressources ni les œuvres de la charité privée, l'on peut juger de l'extension qui a été donnée aux services de l'Assistance ; et pourtant, cette libéralité, qui honore grandement l'administration parisienne, ne répond pas encore à tous les besoins.

Les indigents inscrits au bureau de bienfaisance sont au nombre de 125,000, dont le quart à peine sont des Parisiens. Les indigents nés dans les départements forment plus de la moitié du chiffre. Les indigents nés à l'étranger y figurent pour près d'un dixième. Paris ne distingue pas entre ceux qui souffrent ; il a, en quelque sorte, la bienfaisance cosmopolite ; il adopte pour la participation aux secours les immigrants qui lui arrivent des départements ou de l'étranger. C'est une lourde charge que, dans bien des cas, le texte de la législation lui permettrait de ne pas accepter ; mais la misère ne peut pas discuter ni attendre : *res sacra miser*. Paris paie, et les Parisiens ne réclament pas. — Il en est de même pour la population des hôpitaux et des hospices, qui comptent environ 22,000 lits pour les malades et les infirmes, nombre insuffisant qu'il faudrait augmenter plutôt par la création d'établissements nouveaux que par l'extension des hôpitaux existants, où, d'après l'avis des médecins, la population est trop agglomérée. L'administration s'occupe également de faciliter les traitements à domicile, ce qui dégage en partie les salles d'hôpitaux, exige une dépense moindre et convient mieux aux sentiments des familles. Combien d'améliorations utiles sont à étudier et à réaliser dans cette administration si vaste, qui vaut un ministère, le ministère de l'assistance, et qui ne perdrait rien à ambitionner d'être en même temps, selon l'invocation la plus pure de la foi religieuse, le ministère de la charité !

Considérée dans son ensemble, la population parisienne a vu s'accroître, à chaque génération, ses conditions de richesse et de bien-être. En regard de ce progrès incontesté, où en est la misère ? L'effectif des misérables a-t-il augmenté ou diminué ? La statistique ne fournit pas une réponse certaine à cette question. Si le budget de l'assistance est plus élevé, si l'on compte un plus grand nombre d'assistés, cela peut être attribué, non pas à l'extension de la misère, mais à l'organisation plus complète des services, à la distribution plus étendue et plus libérale des secours. Telle est, croyons-nous, l'explication du chiffre de 400,000 assistés qui est relevé dans les comptes administratifs. C'est une proportion énorme, puisqu'elle représente le septième de la population. Il est vrai que Paris, en sa qualité de capitale, attire et contient des éléments particuliers qui augmentent singulièrement la clientèle ordinaire de l'assistance publique. Paris est une ville ouverte aux vagabonds de toute la France, aux déclassés de tous les pays. Combien de ces malheureux vont s'échouer à l'hôpital ou aux dépôts de mendicité ! Comme cité industrielle, Paris renferme de nombreuses familles d'ouvriers, que les crises ou un chômage prolongé exposent trop souvent à la privation du salaire et qui sont obligées de recourir à l'assistance. Il y aura donc toujours, dans la grande capitale, une proportion exceptionnelle de misères humaines, dont le soulagement exigera l'augmentation continue du budget officiel et des dons de la charité.

Au premier rang des œuvres d'assistance se placent le soin des vieillards et la protection des en fans. Dans une société civilisée, il n'est pas admissible qu'un vieillard souffre de la faim et du froid. Les établissements hospitaliers administrés par la ville de Paris contiennent environ 9,000 places pour la vieillesse. On observe, en outre, que, dans le chiffre de la population indigente secourue par les bureaux de bienfaisance, les chefs de ménage ayant dépassé l'âge de soixante ans représentent la proportion des deux cinquièmes ; mais on sait que les secours alloués par les bureaux d'arrondissement sont minimes. Le mieux serait évidemment d'améliorer, par l'éducation et par les mœurs, les sentiments de famille, de propager les institutions de prévoyance ; en attendant, le fait est là, inéluctable, brutal ; le vieillard, désarmé pour le travail, souffre et meurt misérable. Les services de l'assistance pour ce qui concerne la vieillesse ne paraissent pas être suffisamment dotés. — Quant à la protection de l'enfance, elle a été, dans ces dernières années, l'objet de la plus louable sollicitude, et ce n'est que justice de constater le bien qui a été fait. La dépense excède 5 millions. Il n'y a pas d'argent mieux placé. Quelles que soient les causes, la mortalité des enfants du premier âge dans les grandes villes atteint des proportions vraiment effrayantes ; les enfants abandonnés, effectivement ou moralement, pullulent. On ne se doute pas, quand on n'a pas vu ces choses de près, combien d'enfants meurent en France, faute de soins, ni combien, après avoir franchi par miracle le défilé du premier âge, sont voués par l'abandon au vagabondage et à la misère. La statistique, fouillant dans les états de décès, a démontré que notre civilisation si vantée commet inconsciemment l'infanticide ; les archives judiciaires ont dénoncé la part de responsabilité qui revient à la société dans les crimes et les délits relevés contre la plupart des jeunes prévenus ; l'économie politique, d'accord avec la morale, son alliée naturelle, a calculé la déperdition de forces dont l'état se rend coupable quand il ne soutient pas ce qui ne peut se défendre, quand il ne dispute pas le nouveau-né à la mort ni l'adolescent à la flétrissure, quand, enfin, il prive le pays de producteurs utiles et de bons citoyens. Chaque année se perd ainsi une moisson d'êtres humains fauchée par la mort ou desséchée en sa fleur. La réaction est venue de l'excès du mal. Des âmes généreuses se sont vouées à la protection de l'enfance. Une loi récente et des règlements nouveaux ont inauguré la réforme, et l'administration parisienne, dont l'exemple mérite d'être imité dans tous les départements, tient à honneur d'organiser aussi largement que possible le service des enfants assistés.

Le même sentiment de libéralité budgétaire se rencontre dans les mesures prises par le conseil municipal de Paris en matière d'instruction publique. En 1869, les dépenses de l'enseignement primaire atteignaient à peine 5 millions de francs ; elles ont dépassé, en 1883, la somme de 23 millions, et, si l'on y ajoute les dépenses d« l'enseignement secondaire et supérieur, le total du budget de l'instruction publique s'élevait à 26,500,000 francs. L'extension des écoles supérieures et de renseignement professionnel, ainsi que la création des lycées de filles, doit accroître ce chiffre, qui ne tardera pas sans doute à atteindre 30 millions. Indépendamment de la dépense annuelle, il conviendrait de tenir compte des intérêts du capital affecté à la construction des écoles nouvelles. Tout cela forme un total qu'il est permis de juger excessif. Et les bataillons scolaires, que nous allions oublier ! Il y a, dans ce développement donné aux écoles de tout ordre et de toute nature, autre chose que le simple désir de faciliter l'instruction populaire. La politique y tient la plus grande place. Le conseil municipal veut que tous les enfants de Paris reçoivent une instruction républicaine ; il veut surtout que cette instruction soit dégagée de tout principe religieux. A ces fins, il organise dans ses écoles, qui comptent 100,000 élèves, l'enseignement laïque et il lutte à coups de millions contre la concurrence des anciennes écoles congréganistes, devenues écoles libres. Le budget fait les frais de la guerre. En même temps, les citoyens qui ne s'associent pas à cette politique, les pères de famille qui n'entendent pas que la religion soit exclue systématiquement de l'école, se cotisent et se résignent à des sacrifices pour la fondation et l'entretien de nombreux établissements qui reçoivent environ 70,000 élèves. Plusieurs millions sont ainsi dépensés en sus des millions inscrits au budget municipal. Il en résulte que beaucoup de contribuables ont à payer double impôt pour les écoles : ils sont taxés pour l'école officielle et ils se taxent volontairement pour l'école libre. La dépense totale excède la somme qui serait nécessaire pour assurer, dans les meilleures conditions, l'instruction des 170,000 élèves qui fréquentent les écoles primaires. Elle aboutit à un véritable gaspillage des ressources de la ville pour une entreprise politique et antireligieuse, en faveur de laquelle on n'oserait certainement pas invoquer les traditions du droit municipal ni le principe supérieur de la liberté. Pour nous en tenir à la question administrative et budgétaire, les finances de la ville devraient être, sur ce point, plus sévèrement épargnées.

Section IV

Le budget de la ville de Paris s'élevait, pour 1883, à 263 millions de francs en recette et à pareille somme en dépense. C'est un budget d'état. Tout s'y trouve, y compris une dette amortissable provenant d'emprunts successifs, dont le service exige le paiement annuel d'une centaine de millions. La dette forme l'article le plus important de la dépense. Le produit des droits d'octroi figure à la recette pour une somme de 143 millions. Il n'y a pas de crédit plus solide que celui de la ville de Paris ; il repose moins sur une propriété domaniale de 2 milliards que sur les ressources de l'impôt, du travail et de la fortune acquise. Il faut cependant prendre garde. Aucun crédit n'est inépuisable. De nouveaux emprunts seront nécessaires ; or l'octroi, qui est le principal gage, commence à être sérieusement attaqué, et cet impôt devient difficile à défendre. Par conséquent, sans être embarrassée quant à présent, la situation financière de la ville impose à l'administration municipale un surcroît d'économie et de sagesse en même temps que l'étude prévoyante des ressources destinées à compenser, sinon la suppression totale des octrois, du moins la réduction de celles des taxes qui pèsent le plus lourdement sur la consommation populaire. Il convient de préparer cette réforme de manière à pourvoir aux dépenses utiles en réservant le gage des futurs emprunts.

L'importance du budget de Paris ne se calcule pas seulement d'après les centaines de millions qui se perçoivent et se dépensent annuellement. L'emploi qui doit être fait d'un revenu aussi considérable donne lieu à d'incessants débats, théoriques et pratiques, et à des décisions qui intéressent au plus haut degré la condition matérielle et morale de la population parisienne, ses opinions et ses sentiments. En outre, le pays tout entier observe avec attention, parfois avec anxiété, les délibérations de l'Hôtel de Ville. Comment, en effet, contester l'influence que doit exercer naturellement l'exemple de la capitale ? Les principes discutés à Paris acquièrent par cela même une autorité, une force de propagande qu'il est impossible de méconnaître. Aussi l'organisation du régime administratif y présente-t-elle les plus graves difficultés. Il faut respecter les attributions municipales et veiller en même temps à ce que l'autorité investie de ces attributions et disposant d'un pareil budget soit contenue dans les justes limites et ne crée point de périls pour le gouvernement ni pour la nation. Le système qui concilie ces différents intérêts est encore à découvrir. De tous côtés, on critique le régime actuel ; il existe de nombreux projets pour une réforme, partielle ou totale : les opinions sont très divisées et la politique y domine. La question, très délicate en elle-même, se trouve ainsi compliquée par les luttes des partis.

Retracer les diverses combinaisons qui, sous l'ancienne monarchie et depuis le commencement de ce siècle, ont été appliquées à l'administration de la ville de Paris, ce serait un travail intéressant au point de vue historique, mais peu utile et peu concluant pour la solution du problème qu'il s'agit aujourd'hui de résoudre.[1] Qu'il suffise de rappeler l'origine et les principales dispositions des lois en vigueur. — La création du conseil municipal et le partage de l'administration entre la préfecture de la Seine et la préfecture de police datent du consulat (loi du 28 pluviôse an VIII) ; la loi du 28 avril 1834, sous la monarchie de juillet, a établi l'élection, par le vote censitaire tel qu'il existait alors, de la moitié des membres composant le conseil municipal. Le gouvernement républicain de 1848, en instituant un maire de Paris, qui n'était, sous un autre titre, que le préfet de la Seine, a dissous le conseil municipal élu et l'a remplacé par une commission provisoire dont les membres étaient nommés par le gouvernement ; ce régime de la commission provisoire, avec renouvellement des membres tous les cinq ans, a été maintenu par le second empire ; enfin, après la révolution du 4 septembre 1870, il y eut tout à la fois éclipse totale de la commission municipale et résurrection du maire de Paris, jusqu'à ce que la loi du 14 avril 1871 restituât à la capitale un conseil élu par le suffrage universel et délibérant exclusivement sur les affaires d'intérêt communal, en présence du préfet de la Seine et du préfet de police, conservant l'un et l'autre leurs attributions. — Telle est

---

1 Ce travail a été fait dans un écrit remarquable publié, avant 1870, par notre collaborateur M. Jules Le Berquier, sous ce titre : *Administration de la commune de Paris et du département de la Seine.* MM. Maurice Block et de Pontich ont présenté le résumé de l'ancienne législation et l'exposé du régime en vigueur d'après les documents les plus récents.

l'organisation présente qu'il s'agit de réformer.

Le conseil municipal proteste contre le régime d'exception qui est fait à la commune de Paris ; il revendique la plénitude des attributions qui sont accordées par la loi générale à toutes les communes de France ; il demande que Paris ait une mairie constituée et un maire élu. Une minorité qui s'accroît à chaque élection, et qui ne tardera pas à devenir majorité, demande davantage ; elle voudrait que le conseil municipal, investi des attributions les plus étendues, réalisât pour Paris le type de la commune indépendante et autonome. A rencontre de ces prétentions, qui s'affirment chaque année avec une énergie croissante, le gouvernement constate les empiétements du conseil municipal sur le domaine politique, les vœux illégaux qu'il est nécessaire d'annuler, une attitude et des votes qui créent des conflits trop fréquents entre le conseil et les deux préfets, et il conclut naturellement à ce que la législation soit révisée de manière à fortifier le pouvoir central. Voilà les deux systèmes bien distincts : l'un qui vise à l'indépendance complète de la commune, l'autre qui tend à consacrer, pour les attributions les plus importantes, notamment pour le service de la police, l'autorité supérieure de l'état.

Entre ces deux systèmes se placent des propositions par lesquelles on espère établir une transaction entre ce que l'un et l'autre peuvent avoir de trop absolu. Le pouvoir central, représenté par les deux préfets ou par un fonctionnaire unique, conserverait à Paris toutes les attributions qui lui sont acquises en vertu de la loi générale, et le pouvoir municipal, au lieu d'être concentré dans une seule assemblée, serait divisé entre les vingt arrondissements. Chaque arrondissement aurait sa municipalité et son conseil élus et posséderait ainsi son administration distincte en matière de voirie, d'assistance, d'instruction publique, etc. Pour les questions qui intéressent l'ensemble de la cité et qui comportent des décisions d'application générale, elles seraient traitées soit dans un conseil métropolitain, dont les membres seraient élus par le conseil municipal de chaque arrondissement, soit dans le conseil général du département de la Seine. Cette combinaison aurait pour effet, on l'espère du moins, de couper court aux conflits politiques et de conserver à la population le droit de s'administrer plus directement elle-même, dans le cercle des affaires municipales, sans qu'il soit nécessaire de fortifier davantage l'autorité du gouvernement, laquelle, suivant ce système, ne serait plus mise en échec ni en péril.

La chambre des députés a déjà repoussé, dans une discussion récente, l'institution de la « commune autonome. » A part toute considération de principe, il a suffi d'évoquer les souvenirs de la commune de 1793 et de la commune de 1871 pour faire écarter cette combinaison, qui ne peut compter que sur une chance révolutionnaire pour s'imposer de nouveau par la force et par la terreur. L'organisation indépendante des vingt arrondissements, pour la gestion des affaires communales, paraîtra sans doute digne d'être discutée ; elle présenterait peut-être certains avantages ; mais, quand on arrivera à l'examen des détails d'application, il est à craindre que le législateur ne soit arrêté par l'impossibilité absolue de briser l'organisme parisien, de scinder les budgets, les ressources et les dépenses et de mettre Paris en morceaux. Rien ne prouve que l'on parerait ainsi au péril politique, et il est à peu près certain qu'au point de vue purement administratif, la population n'y gagnerait pas. Le débat utile ne s'établira que sur la fixation nouvelle des attributions respectives du pouvoir municipal et de l'autorité centrale, sur la mesure des droits qu'il conviendra de répartir entre le conseil élu et le gouvernement. C'est une question de mesure plutôt qu'une question de droit, et, pour la décision, les faits et les intérêts l'emporteront sur les principes.

Il est un fait certain, c'est que, sous tous les régimes politiques, il a été jugé nécessaire d'organiser, pour la ville de Paris, une administration spéciale. Paris n'a jamais été traité à l'égal d'une commune ordinaire. Ville capitale, siège du gouvernement, Paris recueille le bénéfice et il paie la rançon de cette situation exceptionnelle. Il est vraiment superflu d'expliquer et de justifier ces précédents. Aujourd'hui, comme par le passé, les pouvoirs publics sont résolus à maintenir, entre Paris et les autres communes de France, une distinction fondée sur des motifs d'ordre général et sur l'intérêt même de la grande cité.

Cette résolution peut-elle être ébranlée par l'expérience de la législation libérale qui date de 1871 ? Le suffrage universel a-t-il donné des résultats qui soient de nature à recommander l'extension des attributions accordées au conseil municipal ? Il est malheureusement trop facile de répondre à cette double question.

Les délibérations et les votes du conseil municipal sont là pour attester que ce conseil a la prétention d'être, avant tout, un conseil politique, et que, dans maintes occasions, la passion l'entraîne hors du domaine purement administratif. Il y a eu quatre élections depuis 1871 : à chaque élection, le caractère politique du conseil s'est de plus en plus manifesté. L'assemblée qui siège à l'Hôtel de Ville n'est point un conseil municipal ; elle est et veut être un second parlement, et elle se comporte en conséquence. L'usurpation est flagrante. Que l'on s'associe ou non aux doctrines politiques, économiques ou autres qui inspirent les décisions du conseil, il ne saurait y avoir de contestation sur ce point. D'un autre côté, si l'on examine la composition du conseil municipal, on peut juger si l'application de la loi de 1871 a donné à Paris la représentation à laquelle il aurait le droit de prétendre pour la gestion de ses intérêts. Le suffrage universel n'aurait que l'embarras du choix pour désigner, parmi l'élite de la population, les quatre-vingts citoyens qui, par leur expérience, par la supériorité reconnue de leur mérite, par la considération universelle dont ils jouissent, mériteraient d'être appelés à l'administration des affaires de la cité. Est-ce ainsi que les choses se passent ? Il suffit de lire la liste des membres du conseil municipal, après chacune des élections, pour se convaincre que Paris n'est point représenté à ce conseil par ses citoyens les plus expérimentés ni les plus illustres. Cette observation n'attaque en rien le caractère personnel des conseillers élus, elle respecte absolument leur *incognito* ; elle n'a pour objet que de démontrer, par un nouvel argument, à quel point l'intention du législateur est méconnue et comment l'intérêt municipal, l'intérêt parisien, se trouve exclu des élections pour être remplacé par l'intérêt politique. En réalité, les conseillers municipaux de Paris ne sont élus qu'à raison de leurs opinions politiques, et, si on leur reproche leur attitude et leurs actes, ils sont autorisés à répondre qu'ils se conforment au mandat qu'ils ont reçu et quelquefois subi de leurs électeurs.

Dans les diverses propositions qui ont été soumises à la chambre des députés pour la révision de la loi de 1871, il est question de modifier les conditions électorales. Il s'agirait de substituer au scrutin uninominal par quartier le scrutin de liste par arrondissement, de réunir un plus ou moins grand nombre d'arrondissements pour le vote au scrutin de liste, ou même de faire de Paris tout entier un seul collège électoral, nommant en bloc les quatre-vingts membres du conseil. Il est à peine besoin de dire que chacun des partis qui proposent l'une ou l'autre de ces combinaisons se soucie, avant tout, d'organiser le vote de manière à se le rendre politiquement plus favorable. Le parti que l'on appelle intransigeant ou autonomiste voudrait noyer dans une seule et même urne les candidats qualifiés d'opportunistes qui lui font obstacle et les rares candidats monarchistes dont la présence au conseil l'irrite plus qu'elle ne le gêne. Le parti du gouvernement espère qu'avec un sectionnement bien compris et à l'aide d'un scrutin de liste tempéré, il réussirait à faire coup double contre les autonomistes et les monarchistes que l'on ne se fie pas à la vertu de ces combinaisons politiques et chimiques à l'aide desquelles on essaierait d'amalgamer et d'accommoder, pour telle ou telle fin, la matière électorale. Au demeurant, sectionné ou non, avec le vote uninominal comme avec le scrutin de liste, le suffrage tel qu'il existe à Paris ne peut aboutir qu'à des élections politiques ; il est incapable de produire une élection municipale, au vrai sens du mot.

Ce n'est point porter atteinte au suffrage universel que de rechercher le mode d'application qui convient le mieux, selon les circonstances et les lieux où il est appelé à s'exprimer, selon le caractère des décisions qui lui sont demandées. Aussi bien les partisans de ce principe politique sont loin de s'accorder pour les points les plus essentiels. Indépendamment du débat toujours ouvert sur le scrutin uninominal et le scrutin de liste, on discute sur la question de savoir si le suffrage doit être direct ou indirect, sur la durée plus ou moins longue du mandat, sur le plébiscite. Il est donc permis de concevoir que le suffrage universel ne soit pas organisé de la même façon pour les élections municipales et pour les élections législatives ; d'un autre côté, il est aisé de démontrer qu'à Paris spécialement, les éléments du corps électoral sont incapables de fournir une représentation exacte des intérêts de la commune.

Aux États-Unis, l'opinion publique s'est émue, depuis plusieurs années déjà, de la mauvaise administration des principales villes, et elle attribue cet état de choses à ce que les conseils chargés de gérer les affaires communales sont encombrés de « politiciens, » qui courtisent et exploitent le suffrage universel. Les impôts sont devenus écrasants, les dettes n'ont cessé de s'accroître et elles atteignent un total excessif. Les politiciens, qui savent que leur règne sera court et que leur popularité, battue en brèche par leurs pareils du parti adverse, sera éphémère, gèrent en prodigues les fonds de la commune, surtaxent la propriété et le capital, uniquement soucieux de complaire à la multitude qui les a élus. Aussi d'éminents publicistes, très démocrates, n'hésitent-ils pas à dénoncer l'organisation vicieuse d'un système de vote qui produit de tels résultats, et la révision du suffrage universel, en matière municipale, est-elle à l'ordre du jour. Il y a même eu, à ce sujet, des enquêtes ordonnées dans plusieurs états de l'Union, notamment dans l'état de New-York. L'argument sur lequel on s'appuie pour justifier les réformes consiste dans la distinction qui existe entre les affaires de l'état et les affaires de la commune. Parmi les propositions figurent non-seulement des combinaisons plus ou moins ingénieuses pour garantir aux contribuables une part de vote qui corresponde aux charges qu'ils supportent, mais encore des projets non déguisés qui tendent à établir certaines conditions de cens. Voilà ce qui se discute ouvertement aux États-Unis. Dans d'autres pays libres, en Angleterre, en Italie, dans les colonies australiennes, l'élection pour les conseils locaux est plus restreinte que pour les assemblées nationales. La distinction est admise en principe ; elle s'accorde avec la doctrine démocratique.

Quant à la ville de Paris, la distinction s'impose, pour elle, à raison des conditions tout à fait exceptionnelles, on peut même dire uniques, dans lesquelles s'y exprime le suffrage universel. Il n'y a pas une ville au monde qui compte une proportion aussi grande d'habitants nés hors de son enceinte. La statistique donne moins d'un Parisien pour trois habitants. La part de l'élément natif, dans les élections, n'atteint pas le tiers. Le Parisien fixé au sol, le Parisien qui a dans sa ville natale des intérêts de propriété, de commerce, d'industrie, de travail, le Parisien municipal est en infime minorité. Une voix indigène sur trois, cela, encore une fois, ne se rencontre nulle part. Et l'on viendrait prétendre que le contribuable de Paris est exactement représenté et régulièrement administré par un conseil qui procède d'une élection ainsi organisée ! C'est le contraire qui est vrai. Le conseil municipal représente et administre, au moins pour les deux tiers, des Flamands, des Normands, des Bretons, des Gascons, etc., excellents compatriotes, qui contribuent assurément à la fortune et à la grandeur de Paris, mais qui ne peuvent avoir ni l'intérêt ni l'attachement au terroir, rien en un mot de ce qui constitue le sentiment communal. Pour les scrutins politiques, nous admettons que ces électeurs votent à Paris ; on doit pouvoir voter partout, même en voyage ; mais, pour les scrutins qui ne concernent que la commune, la promiscuité des électeurs, quand elle existe à ce point, enlève à l'élection le caractère d'une représentation municipale. Donc, avec le régime actuel, Paris n'est pas une commune, et le conseil qui siège à l'Hôtel de Ville n'est pas le conseil municipal de Paris.

Ces points établis, comment résoudre la difficulté ? Le moyen qui paraît, au premier abord, le plus rationnel, ce serait de modifier la loi électorale, en édictant, par exemple, pour les électeurs et pour les candidats une durée plus longue de domicile ou de résidence, de telle sorte que l'élément parisien ne rencontre plus au scrutin la concurrence écrasante de l'élément provincial et que Paris soit, comme on le demande, rendu aux Parisiens. De même, sans recourir aux pratiques censitaires, il serait possible de rechercher, pour les élections municipales, certaines conditions ayant pour objet d'attester et de garantir que l'électeur, ou tout au moins l'élu, est directement intéressé à la bonne administration de la commune. Mais il ne faut pas se dissimuler que, dans l'état de l'opinion, ces procédés risqueraient de ne pas être accueillis. On y verrait, quoiqu'à tort, une seconde édition de la loi du 31 mai, et ce souvenir suffirait pour soulever les plus ardentes protestations de la démocratie parisienne. Dès lors, ce serait, croyons-nous, se bercer d'illusions que de chercher le remède dans une réforme électorale qui, d'ailleurs, à Paris, ne serait peut-être pas très efficace.

Puisque ce procédé fait défaut, il ne reste qu'à réviser les attributions et la compétence du conseil municipal élu, et c'est, en effet, selon cet ordre d'idées que le gouvernement semble étudier une législation nouvelle. L'administration de Paris, capitale de la France, intéresse la sûreté du pays tout entier et elle engage politiquement la responsabilité des pouvoirs publics. C'est à ce point que, dans différentes occasions, s'est agitée la question de savoir s'il ne conviendrait pas de créer un ministère de la ville de Paris. L'usage et l'abus que, depuis 1871, le conseil municipal de Paris a fait de ses attributions, les nombreux rappels à la légalité qu'il a encourus, » son attitude à l'égard des représentants de l'autorité centrale, ses vœux et ses tendances, qui, sous prétexte d'autonomie, impliquent la réhabilitation des doctrines de la Commune, tout cela fournit de puissants arguments à l'appui d'une réforme qui restreindrait la compétence du conseil et ne laisserait à ce dernier qu'un droit de contrôle administratif suffisant pour la garantie des contribuables. Voilà ce que rapportera aux Parisiens la politique de l'Hôtel de Ville. Sinon, avec les conflits en permanence, il n'y a que deux issues : la dissolution du conseil municipal remplacé par une commission ou la restauration de la Commune. C'est pourquoi la réforme du régime actuel est tout à la fois nécessaire et urgente ; elle s'impose au gouvernement et aux chambres ; la France entière, autant que Paris, y est intéressée.

Que Paris se résigne à n'être point traité comme un municipe ordinaire. Capitale de la France, cité universelle, Paris n'est pas une commune ; il est, à lui seul, un état dont le budget, la dette, l'armée, l'administration, tous les services publics ont une ampleur exceptionnelle. Paris est un monde où affluent les idées, les intérêts, les passions de toutes parts. Il y a pour lui, dans cette condition privilégiée, autant de péril que d'honneur. Écarter de lui le péril en l'arrachant à l'étreinte révolutionnaire et en le plaçant sous le patronage du pays tout entier, auquel il appartient ; lui garder sa couronne, agrandir son prestige par une organisation qui soit digne de ses ressources et de son génie ; faire de Paris la capitale modèle, telle est la tâche à laquelle doivent se dévouer ceux qui ont en main ses destinées. Et c'est ainsi seulement que les Parisiens nés à Paris, — et je suis du nombre, — estiment que Paris leur sera rendu.

ISBN : 978-1725811539

www.ingramcontent.com/pod-product-compliance
Lightning Source LLC
Chambersburg PA
CBHW070226260726
48658CB00006BA/2194